DU GEHST NIE ALLEIN

Einen Schutzengel wünsche ich dir

ausgewählt und zusammengestellt
von Claudia Peters

mit Illustrationen
von Elsbeth Messmer

LIEBE LESERINNEN, LIEBER LESER,

als ich einmal mit meinen beiden Söhnen im Fußballstadion war, staunte ich nicht schlecht, als weit über zwanzigtausend Menschen inbrünstig und wie aus einem Mund ein Lied sangen, das für mich eine zutiefst religiöse Aussage beinhaltet: „You'll never walk alone" – „Du wirst nie alleine gehen". Mir lief eine Gänsehaut über den Rücken, weil in diesem Gesang für mich die große menschliche Sehnsucht, auch meine, zum Ausdruck kam, nicht alles im Leben alleine stemmen zu müssen, sondern mich behütet, begleitet und beschützt fühlen zu dürfen – sei es von der Familie, lieben Freunden oder irgendeiner guten Macht, die zwischen Erde und Himmel wirkt. Die Fußballfans sangen das Lied, um ihrer Mannschaft ihre volle Solidarität, ihren Rückhalt zuzusichern und ihr zu bestätigen: Wir gehen mit „durch dick und dünn". Und wer, liebe Leserin und lieber Leser, sehnt sich nicht nach einem solchen Rückhalt? Wie gut tut es doch zu wissen oder wenigstens zu ahnen, dass da jemand ist, der zu uns hält. Da Unversehrtheit, Schutz und Geborgenheit nun mal nicht selbstverständlich und weder käuflich zu erwerben noch durch Anstrengung zu verdienen sind, steht diese Aussage: „Du wirst nie ganz alleine sein" für Ermutigung, Schutz, Trost und Beistand. Zugleich ist es ein Wunsch. Dabei bleibt offen, wer diese Begleitung genau ist oder was sie ausmacht. Ist es menschlicher Beistand? Sind es Kräfte, die einem zuwachsen? Ist es ein Gefühl oder – das, was im Sprachgebrauch oft mit „Engeln" bezeichnet wird? Immerhin glaubt mehr als die Hälfte der deutschen Bevölkerung an die Existenz von Engeln und

erbitten deren Schutz in Lebenssituationen, in denen es um Bedrohung und Hilfe, um Gefahr und Rettung, um Angst und Zuversicht geht. Vielleicht fällt es uns leichter, diese Mittler zwischen Himmel und Erde anzurufen als Gott selbst, weil sie auf eine Lebensdimension jenseits aller Begriffe hinweisen. Man sagt: „Engel öffnen einen Spalt zum Himmel". Sie „sind Symbole religiöser Erfahrung. Symbole der Erfahrung, dass wir von weiter her kommen als von dieser Erde und unser Ziel anderswo liegt als in diesem Leben. Sie gehen hin und her zwischen Zeit und Raum auf der einen Seite und der geistigen Welt kosmischer und seelischer Kräfte auf der anderen Seite. Niemand hat Gott gesehen, aber Botschaften von Gott können laut werden, sichtbar, erkennbar. Ihr Zeichen ist der Engel", so schreibt Jörg Zink dazu.
Ich wünsche Ihnen, liebe Leserin und lieber Leser, dass für Sie dieser Spalt zum Himmel immer wieder aufgeht in Ihrem Leben und Sie sich begleitet fühlen von „Engeln".

Claudia Peters

Was über die Engel gesagt wird,
will nichts anderes verkünden
als diese beglückende Botschaft:
dass Gott sich auf tausenderlei Weise
mit uns befasst.

Paulus Gordan

TAGESTHEMEN

Warum verschweigen
Zeitungen und Nachrichtensprecher
den Schutzengel
der heute dabei war
mitten im Chaos
Und den Mut
der täglich geprobt wird
mitten im Alltag
Den festen Händedruck
der Freundschaft besiegelt
mitten in Krisen
Warum verschweigen sie
Wolken und Sterne
den Wind der nicht aufhört
zu säen
selbst Nachtigallen
soll es noch geben

Anne Steinwart

GEBORGEN

„Lehn dich zurück
in die Arme
deines Schutzengels!“

Der Verstand
protestiert
er will
Gewissheit

Ich aber trenne mich
von meinen Ängsten
gebe
was mir nicht gehört

suche Geborgenheit
und lebe
ohne jede
verbriefte Vernunft

Christel Anders

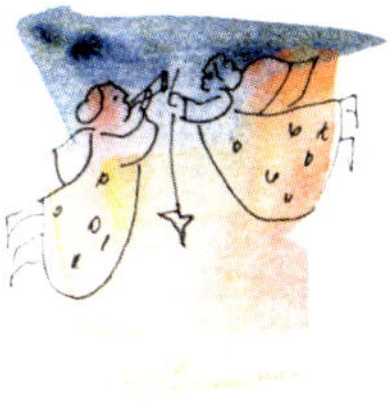

WESENTLICH

Ob einer an Schutzengel glaubt oder nicht, wenn er auf den gebahnten Wegen des Alltags geht, ist ziemlich gleichgültig. Aber ob einer, der in das dunkle Tal, in dem ihn die dunkle Angst anfällt, mit dem Wissen geht: „denn du bist bei mir" oder nicht, ist wesentlich. Denn der dies Wissende kann den Engel an der Stelle sehen, wo Gottes Hilfe seine eigenen Fußspuren berührt.

Claus Westermann

ENGELSUCHE

Gott, schicke deine Engel aus,
wie du getan vor Zeiten,
in Schloss und Hütte, jedes Haus,
durchs Leben uns zu leiten.

Gott, schicke deine Engel her,
die Kinder zu bewahren;
denn ihnen drohen täglich mehr
Versuchung und Gefahren.

Gott, schicke deiner Engel Schar
ins wüste Völkerringen,
dass sie, so wie es einstens war,
der Welt den Frieden bringen.

Gott, lass uns deine Engel sehen,
die uns verhüllt begegnen.
Lass uns an ihrer Seite gehen
und uns von ihnen segnen.

Wilma Klevinghaus

DER SCHUTZENGEL:

Engel sind geistige Wesen, Boten einer anderen Wirklichkeit. Sie beflügeln die Gedanken und bevölkern die Träume. Ihr Erscheinen gleicht unerwarteten Einfällen. Sie erklären, inspirieren, ermutigen. Sie schenken Geborgenheit, nehmen die Angst vor dem Leben und besiegen die Sorge. Man erkennt sie an ihrem Gruß: Fürchte dich nicht! Die Engel sind Begleiter und Beschützer. In Ihnen wird Gottes heilende und helfende Nähe spürbar - wohltuend und weiterführend. Wer Engeln begegnet, erfährt, dass die Welt in der er lebt, mehr ist als die Welt, die er sieht. Erfahrungen, die die Engel schenken, verweisen darauf, dass es hinter dem Horizont weitergeht und dass es gute, machtvolle Gründe gibt, das Leben mutig zu leben.

Ulrich Peters

ICH WÜNSCH DIR EINEN ENGEL

Ich wünsch dir einen Engel
neben deinem Bett,
so einen, wie ich ihn
selber gerne hätt,
mit weißen Flügeln
und goldenem Kleid,
das Antlitz freundlich
und voll Heiterkeit.

Und du merkst es nicht,
wenn er neben dir steht
und wenn dich sein
göttlicher Atem umweht.
Du hast viele Sorgen
und quälst dich bei Nacht,
doch wenn du träumst,
streichelt jemand dich sacht

und beschenkt dich mit Hoffnung
und Frieden und Mut,
und ich weiß ja selber
wie gut mir das tut,
denn die eigene Kraft
reicht zum Leben nicht aus.
Wir sind unterwegs,
und wir wollen nach Haus.

Ute Latendorf

DEIN ENGEL

dein Engel schaut
er redet nicht
stellt keine Unnützfragen –
doch in Gefahr
hält er dich fest –
er wird dich tragen

dein Engel wacht
er drängt dich nicht
will dich in Freiheit lassen –
doch gibt er acht –
sieh hin:
er wandert deine Straßen

Regina Giese

SCHUTZENGEL

immer anwesend
und doch nicht
fassbar

überall schwebend
und doch nicht
greifbar

wer an sie glaubt
dem reichen sie ihre
ungreifbare hand

wer sie ablehnt
den begleiten sie
unfassbar

Helena Aeschbacher-Sinecká

KRAUSE TAGE

Tage gibt es, so dunkel und kraus,
dass nichts mehr scheint zu gelingen.
Dann schickt Gott zuweilen
einen Engel aus,
sie wieder in Ordnung zu bringen.

Nicht einen Engel in strahlendem Licht
mit Flügeln mit goldenen Rändern,
auch wallende Locken trägt er wohl nicht
und prangt nicht in seidnen Gewändern.

Am Abend schaut man erleichtert zurück,
versteht nicht, was einem geschehen,
stellt fest, man hat wieder mal Glück –
doch den Engel hat keiner gesehen.

Wilma Klevinghaus

BEGEGNUNG

Ein Lichtblick
Durchblick
Wärme

fliegt
plötzlich
an uns vorbei

setzt sich
leise
von hinten
auf unsere Schulter

beflügelt

Friederike Peters

SCHUTZENGEL

vor deiner tür
steht er
siehst du ihn

alle deine wege
begleitet er
hörst du seine schritte

spürst du seinen atem
stets neben dir
wachsam aufmerksam

der treue schutzengel
dessen kraft
in deinem glauben ruht

fühlst du
seine
tragenden flügel

Helena Aeschbacher-Sinecká

ANNÄHERUNG

Eine Gestalt
der Näherung
ist mir
der Engel,
ein umspielendes
Wirken,
eine lichte
Erscheinung,
hinschwindend
gegenwärtig
und überaus
zart,
auch eine
tastende
Wachsamkeit,
Ahnung
des Übergangs,
vielleicht
ein Bürge
der Wandlung
und eine Versicherung,
nie
fertig zu sein.

Wolfgang Dietrich

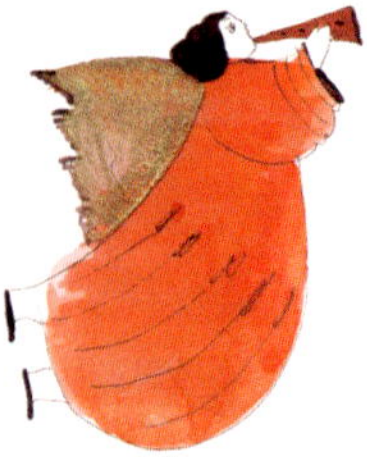

IMMER, WENN

Immer, wenn ich gehe:
als sei ich begleitet. Und das beschwingt.

Immer wenn ich gehe:
der Schlag meines Herzens. Und der hält den Rhythmus.

Immer, wenn ich gehe:
ein Schritt nach dem anderen. Und das bringt voran.

Immer, wenn ich gehe:
ein Schimmer von Sinn. Und der beflügelt.

Wolfgang Dietrich

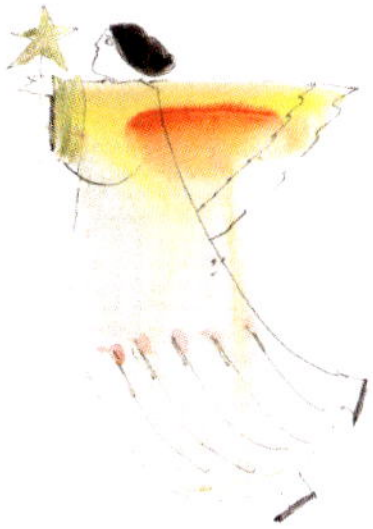

DENN ER IST DA

Ich spüre um mich einen Engel,
der mich mit seinen Flügeln sanft berührt,
der mich, wenn ich um Rat ihn frage,
an seine Hand nimmt, um begütigend zu sagen,
dass aus den Augen er mich nicht verliert.

Ich weiß, er schaut auf jeden meiner Schritte,
wäre ich blind, er würde für mich seh'n,
er ist das Licht im tiefsten Dunkel,
in seiner Nähe kann ich sicher geh'n.

Stets ist er da, mein guter Engel,
gebietet es die Not, genügt sein Flügelschlag,
er redet nicht, doch spür ich ihn, den Engel,
denn er ist da, bei Nacht und auch bei Tag.

Margarete Hansson

DER ENGEL GEHT DURCH MEINE NACHT

Der Engel geht durch meine Nacht,
der Engel geht durch meinen Traum,
und er berührt mich mit den Flügeln,
so leicht, so zart, ich spür es kaum.

Der Engel zeigt mir nächtliche Wege,
die ich am Tage gehen kann.
Er steht ganz nah vor meinem Bette,
ist groß und stark, nicht Frau, nicht Mann.

Im Dunkeln kann ich ihn gut sehen,
im Morgenlicht löst er sich auf.
Dann schwebt er unsichtbar für alle
in Gottes hohen Himmel auf.

Er ist mir beigestellt für dieses Leben
und schenkt mir Kraft, wenn ich verzag.
Der Engel nimmt mir nicht das Schwere,
er stützt mich nur, dass ich es trag.

Ute Latendorf

GELEIT

Du wohnst
tief in meiner Seele.
Du klingst
hell in meinem Lachen.
Du fließt
sanft in meinen Tränen.
Du schützt
treu meine Wege.
Du bist in mir, Engel.

Maria Sassin

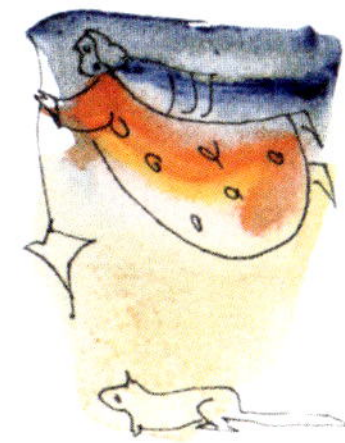

ENGEL DES LICHTS

hast du
den Engel des Lichts
gesehen

sanft streift er
durch die Nächte der Welt
legt hier
seine Hand auf ein Stöhnen
blickt dort
voll Erbarmen der Angst
in die Augen
und sagt
in den Schrei der Verzweiflung
sein lichtendes Wort

hast du
den Engel des Lichts
gesehen

hier war er und dort
und doch überall
er streift durch die Nächte
der Welt
und gräbt in die Finsternis tief
den Samen des ewigen Morgens
streut Schweigen
in jegliche Not

hast du
den Engel des Lichts
gesehen
er trägt
deine Nacht in den Händen
du findest ihn immer in dir

Annette Soete

AN MEINEN SCHUTZENGEL

Den Namen weiß ich nicht. Doch du bist einer
der Engel aus dem himmlischen Quartett,
der einstmals, als ich kleiner war und reiner,
allnächtlich Wache hielt an meinem Bett.

Wie du auch heißt – seit vielen Jahren schon
hältst du die Schwingen über mich gebreitet
und hast, der Toren guter Schutzpatron,
durch Wasser und durch Feuer mich geleitet.

Du halfst dem Taugenichts, als er zu spät
das Einmaleins der Lebensschule lernte.
Und meine Saat, mit Bangen ausgesät,
ging auf und wurde unverhofft zur Ernte.

Seit langem bin ich tief in deiner Schuld.
Verzeih mir noch die eine – letzte – Bitte:
Erstrecke deine himmlische Geduld
auch auf mein Kind und lenke seine Schritte.

Es ist mein Kind. Das heißt: Es ist gefährdet.
Sei um es tags, behüte seinen Schlaf.
Und füg es, daß mein liebes schwarzes Schaf
sich dann und wann ein wenig weiß gebärdet.

Gib du dem kleinen Träumer das Geleit.
Hilf ihm vor Gott und vor der Welt bestehn.
Und bleibt dir dann noch etwas freie Zeit,
magst du bei mir auch nach dem Rechten sehn.

Mascha Kaléko

WUNSCH

Lass die Engel bei uns wachen,
dass wir wie die Kinder lachen,
dass wir wie die Kinder weinen,
lass uns alles sein,
nichts scheinen.

Joseph von Eichendorff

EIN ENGELSFLÜGEL

Überwindet Grenzen, Zeit und Raum,
Streift uns alle, manchmal,
Hüllt uns ein, tröstend,
Gibt uns Kraft, ermutigend –
Hält die Sehnsuchtswunde offen,
Dass nicht alles käuflich ist.

Elke Schumacher

VERSPRECHEN

Denn er hat seinen Engeln befohlen,
dass sie dich behüten
auf allen deinen Wegen,
dass sie dich auf den Händen tragen
und du deinen Fuß nicht
an einen Stein stoßest.

Psalm 19, 11–12

ENGEL ZWISCHEN TÜR UND ANGEL

ein hauch von dasein
flügelleicht
im schatten eines tages
lichtfigur an meiner seite
stumme stimme
spricht und steht
ein leben lang
als schutz und schild
auf schritt und tritt

Vreni Merz

DER ENGEL AUF DER STRASSE

Heut in der Stadt
hab ich einen Engel gesehn –
im Straßenanzug
und nicht einmal schön!

Er war ohne Flügel
und leuchtete nicht,
trug ein ganz alltägliches
Menschengesicht.

Wie ich ihn erkannte?
Im letzten Augenblick
zog er ein Kind
von der Fahrbahn zurück,

das, ins Spielen vertieft,
nicht sah die Gefahr. –
Wer sagt, dass der Retter
kein Engel war?

Wilma Klevinghaus

FAST ALLTÄGLICH

Das war ganz knapp.
Gerade noch einmal davongekommen.

Auf wunderbare Weise gerettet worden.
„Dich schickt der Himmel."

Man muss nicht gläubig sein,
um an Schutzengel zu glauben.

Petrus Ceelen

POSTWURFSENDUNG

„Post für mich?“, fragt er durch die Luke. Morgens ist immer Susanne da, die er insgeheim als seinen Engel bezeichnet. Erwartungsvoll steht er vor der Luke. Nur wer ihn besser kennt, sieht die Anspannung in seinem Gesicht, die zusammengekniffenen Augen, das leichte Zittern der Lippen. Sein weißes Haar ist noch ungekämmt. Er geht immer nach dem Aufstehen gleich fragen. Aus dem abgetragenen Bademantel mit den verblichenen blauen Streifen schauen dünne Beine heraus, die Haut wie Pergament. „Warten Sie“, ruft Susanne, „ich sehe gleich nach, Herr Ulrich!“ Sie geht zu den Postfächern und schaut. „Heute nicht, Herr Ulrich.“ Würdest du daneben stehen und dieses „Heute nicht“ hören, du dächtest sofort, Herr Ulrich bekommt sonst jeden Tag Post. Aber dem ist nicht so. Herr Ulrich bekommt nie Post. Seit vierzehn Jahren wohnt er hier im Pflegeheim und seitdem hatte er noch keine Post. Aber jeden Morgen geht er zur Luke und fragt. Und dafür, wie Susanne das „Heute“ von „Heute nicht“ ausspricht, so, als käme morgen bestimmt Post, und so, als hätte er gerade gestern welche gehabt, dafür hat er sie so gern.

Doris Bewernitz

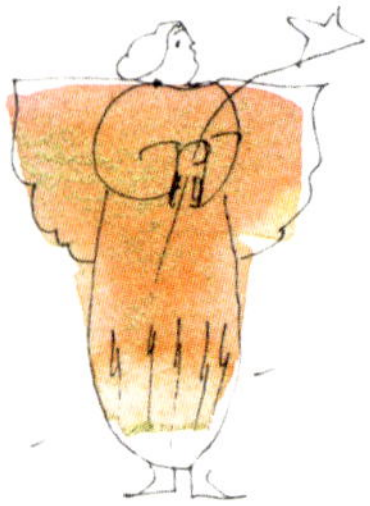

ENGEL DES LICHTS

aus den ungeweinten
tränen der augen
spricht
die uralte sehnsucht
dass ein engel
kommt
voller musik
von licht umflossen
um mit dem trost
seiner hände
all die fesseln
zu lösen
auf dieser erde
dass ein engel
kommt
aus dem dunkel
der nacht
und es wird hell
und die sonne
geht auf
in deinem
gesicht

Richard Riess

EINFACH VERTRAUEN

An manchen Tagen
fliegen unsere Schutzengel so hoch,
dass wir sie nicht mehr sehen können,
aber sie verlieren uns niemals
aus den Augen.

Jean Paul

Mit Texten von:
Helena Aeschbacher-Sinecká: S. 13, 17 © bei der Autorin. **Christel Anders**: S. 6 © bei der Autorin. **Doris Bewernitz**: S. 36 © bei der Autorin. **Petrus Ceelen**: S. 34 © beim Autor. **Wolfgang Dietrich**: S. 18, 20 © Verlag am Eschbach, 2000. **Regina Giese**: S.12 © bei der Autorin. **Paulus Gordan**: S. 3 © Beuroner Kunstverlag. **Mascha Kaléko**: S. 26 aus: diess. In meinen Träumen läutet es Sturm, hg. von Gisela Zoch-Westphal, Deutscher Taschenbuch Verlag München 1977. **Wilma Klevinghaus**: S. 15, 33 © bei der Autorin. **Ute Latendorf**: S. 11, 23 © bei der Autorin. **Vreni Merz**: S. 31 © Debora Reichmuth-Merz. **Jean Paul** (1763–1825): S. 39. **Friederike Peters**: S. 16, in: Wendekreis Nr. 12/2005. **Ulrich Peters**: S. 10 © beim Autor. **Richard Riess**: S. 38 © beim Autor. **Maria Sassin**: S. 24 © bei der Autorin. **Elke Schumacher**: S. 29 © bei der Autorin. **Annette Soete**: S. 25 © Alfred Soete. **Anne Steinwart**: S. 5 © bei der Autorin. **Margarete Hansson**: S. 21 © bei der Autorin. **Claus Westermann**: S. 7 aus: ders.: Engel brauchen keine Flügel, Kreuz Verlag Stuttgart 1987 S. 29f. **Jörg Zink**: S. 3 © Verlag am Eschbach 1993.

„Bin ich eine Künstlerin? So habe ich mich nie gesehen. Aber ich spüre, dass meine kleinen Bilder Menschen Freude machen, dass sie damit anderen Freude bereiten, und das empfinde ich als Glück“, sagt **Elsbeth Messmer**, die die Engelbilder zu diesem Buch gezeichnet und aquarelliert hat. Sie lebt in St. Gallen und betreibt dort seit vielen Jahren die Kunst- und Antiquitätengalerie „Töpferschiibe“ am Gallusplatz, ein ganz besonderer Ort, an dem es sich träumen lässt und an dem man schöne Entdeckungen machen kann. Die Illustrationen dieses Buches erscheinen in kleinen handgefertigten Auflagen als Doppelkarten und sind direkt über die „Töpferschiibe“ zu beziehen.

Bibliographische Information der Deutschen Nationalbibliothek:
Die Deutsche Nationalbibliothek verzeichnet diese Publikation in der Deutschen Nationalbibliographie; detaillierte Daten sind im Internet über http://dnb.d-nb.de abrufbar.

ISBN 978-3-86917-233-0

Im Alten Rathaus/Hauptstraße 37
D-79427 Eschbach/Markgräflerland

www.verlag-am-eschbach.de

Gestaltung, Satz und Repro: Angelika Kraut, Verlag am Eschbach
Schriftvorlagen: Petra Eva Hauser, Münstertal
Herstellung: Süddeutsche Verlagsgesellschaft Ulm